Es ist angerichtet!

Karikaturen rund um die Ernährung

Harm Bengen · Martin Erl · Barbara Henniger

HOGLI · Frank Hoppmann · Rudi Hurzlmeier

Wolf-Rüdiger Marunde · Til Mette · NEL

Heiko Sakurai · Klaus Stuttmann · Miriam Wurster

Eine Ausstellung der Brandenburgischen Landeszentrale für politische Bildung

DIE SPEISUNG DER 5000 - WIE ES WIRKLICH WAR...

Barbara Henniger

In aller Munde

Der Mensch muss essen und trinken, um zu leben. In Mitteleuropa herrscht kein Mangel an Lebensmitteln. Im Gegenteil, das Angebot in Supermärkten ist riesig und lockt täglich potentielle Käufer. Doch ist das Haltbarkeitsdatum abgelaufen, müssen die Lebensmittel weggeworfen werden. Auch in privaten Haushalten nimmt die Menge der Lebensmittel zu, die verderben und weggeworfen werden. Inzwischen wird rund ein Drittel aller produzierten Nahrungsmittel entsorgt – eine gigantische Verschwendung, die angesichts der weltweiten Hungersnöte kaum zu rechtfertigen ist.

Trotz des Überangebots fehlt in vielen Familien das Geld, sich ausgewogen und gesund zu ernähren. Auch hat sich in den letzten 50 Jahren das Essverhalten drastisch geändert. Es wird zu viel, zu fett und zu süß/salzig gegessen. Auf dem Speiseplan der Deutschen steht zu oft Fleisch und zu selten Gemüse. Um Zeit zu sparen, wird weniger selbst gekocht, sondern oft Fertiggerichten der Vorzug gegeben.

Andererseits wächst das Bewusstsein, sich für die Herkunft der Lebensmittel zu interessieren und die Verbraucher protestieren gegen insektizidvergiftete Eier oder Rückstände von Glyphosat in Pflanzen. „Bio" ist als Gütesiegel für gesunde Nahrungsmittel anerkannt, die Zahl der Vegetarier nimmt zu, die der Veganer holt auf.

Längst ist Ernährung keine regionale Angelegenheit mehr, der Markt funktioniert global und viele Verbraucher sind zunehmend überfordert und ratlos, was sie noch bedenkenlos essen können. Immer wieder erschüttern Lebensmittelskandale das Vertrauen der Verbraucher, lösen Berichte über mit Antibiotika angereichertem Fleisch große Verunsicherung aus. Welchem Erzeuger und Hersteller kann man trauen? Wie kann man Kindern gesundes Essen schmackhaft machen? Und wie groß ist die Macht des Verbrauchers?

Eine Ausstellung rund um das große Thema Ernährung ist für ein Flächenland wie Brandenburg von besonderer Relevanz, denn fast 45 Prozent der Bodenfläche werden in Brandenburg landwirtschaftlich genutzt. Die Agrar- und Viehwirtschaft, der Obst- und Gemüseanbau und die verarbeitenden Betriebe sind wichtige Arbeitgeber.

Aktuell belegt Brandenburg einen Spitzenplatz im Ökolandbau. Das bedeutet, dass 10,5 Prozent der landwirtschaftlichen Nutzfläche für den Anbau von Bio-Produkten genutzt werden. Doch weil es an weiterverarbeitenden Betrieben fehlt, verlassen viele Bio-Rohstoffe die Region, um nach längeren Transporten in anderen Bundesländern zu Joghurt, Käse, Müsli oder Backwaren verarbeitet zu werden.

Zwölf namhafte Karikaturisten und Karikaturistinnen nehmen sich in der Ausstellung des Themas an und schlagen einen Bogen vom Erzeuger bis zum Konsumenten. Ob Lebensmittelskandal oder Essverhalten, Massentierhaltung oder Bienensterben – nichts ist sicher vor der ironischen Überhöhung und satirischen Kommentierung.

Brandenburgische Landeszentrale für politische Bildung

Die Kroaten geben in Europa mit rund 30 Prozent ihres Einkommens am meisten für Nahrungsmittel aus. Ähnlich hoch waren die Ausgaben im Zuge der Euro-Krise in Portugal und Griechenland. Hier ist inzwischen wieder ein durchschnittlicher Wert von 18 Prozent erreicht. Am wenigsten geben mit nur 8,2 Prozent die Engländer für Nahrungsmittel aus.

Die Deutschen verwenden rund 10 Prozent ihres Einkommens für Lebensmittel. Das sind im Durchschnitt 350 Euro, die monatlich pro Haushalt für Essen und Trinken bezahlt werden und damit 50 Euro mehr als noch 2003. Dabei wird am meisten für Fleisch und Fisch ausgegeben, erst an zweiter Stelle stehen Obst und Gemüse, gefolgt von Brot, Eiern und Milchprodukten. Die Ausgaben für Alkohol und Tabak gehen seit Jahren zurück und betrugen zuletzt durchschnittlich 42 Euro im Monat.

Im Vergleich mit den anderen europäischen Ländern gelten die deutschen **Verbraucher** als sparsam. Auch profitieren sie von dem harten Wettbewerb der Supermärkte und Discounter und von den stabilen Preisen für Grundnahrungsmittel in Deutschland. Dennoch ist das Bewusstsein für eine bessere Qualität der Lebensmittel gewachsen. Besonders junge Konsumenten achten auf Nachhaltigkeit, biologischen Anbau und die artgerechte Haltung von Nutztieren und sind bereit, dafür höhere Preise zu zahlen.

Durch zahlreiche Lebensmittelskandale ist das Informationsbedürfnis der Kunden in den letzten Jahren stark gewachsen. Hersteller und Verkäufer sind bemüht, das Vertrauen durch bessere Kennzeichnung und umfassende Produktinformationen wieder herzustellen.

Im Falle einer Katastrophe möchten wir auf Milch, Eier und frisches Fleisch nicht verzichten.
wurster

Stabile Lebensmittelpreise sind machbar.
Butter
Butter
Butter

TOPANGEBOT
TORTELLINI
BOLOGNESE 400g
79 CENT
Zutaten:
Hartweizengrieß, Wasser, möglichst billiges Fleisch (egal was und woher, weil sonst der Ramschpreis unmöglich wäre), Tomatenmark...
HS 13

Rund die Hälfte aller landwirtschaftlichen Betriebe in Deutschland betreiben **Tierproduktion**. Vor allem Geflügel, Rinder und Schweine werden für den Fleischkonsum und die Produktion von Eiern, Milch- und Milchprodukten, Fellen und Leder gezüchtet und gehalten. Im 1. Quartal 2018 wurden etwas mehr als zwei Millionen Tonnen Fleisch erzeugt.

Die Interessenverbände der Landwirte sind verstärkt dabei, über zeitgemäße **Tierhaltung**, Aufzucht und Mast aufzuklären und zu informieren. Die moderne Landwirtschaft hat sich in den letzten 25 Jahren grundlegend gewandelt. Die Tätigkeit der Bauern ist längst nicht mehr nur auf die Erzeugung von tierischen und pflanzlichen Lebensmitteln beschränkt. Es geht ebenso um Naturschutz, Landschaftspflege und die Erzeugung regenerativer Energien. Wer auf dem Markt bestehen will, muss rentabel wirtschaften und hat oft einen hochspezialisierten Betrieb mit computergesteuerten Fütterungs- und Lüftungsanlagen.

Allerdings weisen Tierschützer auch regelmäßig auf haltlose Zustände in manchen Betrieben hin, zeigen schockierende Bilder von drangvoller Enge, fehlendem Auslauf, mangelnder Hygiene und weiteren Tierschutz-Verletzungen.

Im Koalitionsvertrag der Bundesregierung wurde vereinbart, spätestens in drei Jahren eine staatliche Tierwohlkennzeichnung – das „Tierwohllabel" – mit verbindlichen Kriterien für Fleisch aus besserer Tierhaltung und Transparenz bei der Erzeugung einzuführen. Darüber hinaus ist der Verbraucher aufgefordert, den Konsum von tierischen Lebensmitteln zu reduzieren und verstärkt regionale und ökologisch hergestellte Produkte zu kaufen.

„Klar ist das Bodenhaltung, Ernst, aber hundert Prozent!"
„Ich wette, die Grünen haben da auch wieder was dran zu meckern ..."

DIE GRÜNEN WOLLEN DIE MASSENTIERHALTUNG ABSCHAFFEN.
WAS??
ALLERDINGS INNERHALB DER NÄCHSTEN 20 JAHRE.
GOTT SEI DANK! ICH DACHTE SCHON, ICH MÜSSTE MIR IN MEINEM ALTER NOCH EINE NEUE WOHNUNG SUCHEN.
HB

Wir Bauern ...
... gewährleisten täglich ...
... eine Wende ...
... im Agrarbereich!!
KS 01

SO WERDEN SIE AM SCHNELLSTEN FETT.

MASSENTIERHALTUNG

Pro Jahr werden in Deutschland bis zu 50 Millionen **männliche Küken** einen Tag nach dem Schlüpfen aussortiert und vergast oder bei lebendigem Leib **geschreddert**. Sie werden ausgemustert, weil sie für die schnelle Mast ungeeignet sind und keine Eier legen. Dieses Verfahren wird europaweit angewendet, auch in den USA werden männliche Küken aussortiert und vernichtet.

Tierschützer fordern, zum Prinzip des „Zweinutzungshuhns" zurückzukehren. Dabei werden weibliche Tiere als Legehennen und männliche Tiere zur Fleischmast aufgezogen. Die als „Bruderhahn" bezeichnete Initiative setzt sich aber schwer durch, weil Hähnchen nur langsam und ungenügend Fleisch ansetzen und daher teurer im Verkauf sind. Bisher haben nur wenige Betriebe die Aufzucht männlicher Küken übernommen.

Im Auftrag der Geflügelindustrie werden derzeit Maschinen entwickelt, die eine Früherkennung des Geschlechts schon im Ei, lange vor dem Schlüpfen, möglich machen. Ende 2018 sollen die ersten Maschinen zum Einsatz kommen. Die Entwicklung dieses Verfahrens wird von der Bundesregierung finanziell gefördert.

DIE JUNGS HABEN ES GUT! DIE WERDEN GLEICH NACH DEM SCHLÜPFEN ABGEMURKST.
HB

Etwa 360 Millionen Schweine, Rinder, Ziegen und Schafe und vier Milliarden Hühner und Puten werden pro Jahr in Europa transportiert. Dabei handelt es sich um Zucht-, Mast- und Schlachttiere.

Seit 2005 besteht die EU-Verordnung zum Schutz der **Tiere auf Transporten**. Darin ist geregelt, wieviel Platz jedem Tier während des Transports zur Verfügung stehen soll und wie oft die Tiere getränkt und gefüttert werden müssen. Allerdings sind die Angaben so vage gehalten, dass sie häufig zum Nachteil des Tierwohls ausgelegt werden.

Die Dauer der Transporte ist in den EU-Staaten auf acht Stunden begrenzt. Werden die Tiere über die EU-Grenzen hinaus transportiert, ist diese Regelung aufgehoben und es gibt keine zeitlichen Begrenzungen für Tiertransporte. Da nur selten Schlachthöfe in der Nähe der Tierzuchtbetriebe zu finden sind, müssen die für den Verzehr vorgesehenen Tiere auf ihrer letzten Reise meist weite Wege zurücklegen. Häufig werden sie ins Ausland gebracht, weil die Kosten niedrig und der Gewinn möglichst hoch sein sollen.

Tierschützer weisen seit Jahren auf die beklagenswerten Zustände während der Tiertransporte hin und machen öffentlich, dass massiv gegen die Verordnung verstoßen wird. Sie fordern strengere Regeln, häufigere Kontrollen und bei Verstößen hohe Strafen. Deutlich verkürzt werden könnten die Tiertransporte, wenn die regionale Landwirtschaft und die weiterverarbeitenden Betriebe gestärkt würden und die Verbraucher bereit wären, einen höheren Preis für tierische Lebensmittel zu zahlen.

MAN MUSS AUCH MAL ABSCHALTEN KÖNNEN. ICH SCHALTE IMMER AB, WENN ICH DIE TIERE IN DEN VIEHTRANSPORTERN SEHE.....
TIL

BORIS KASULKE,
Gewinner des Wettbewerbes
für humane Tiertransporte:
SCHLACHTHOF
2 km
HB

EIN UNGLÜCK KOMMT SELTEN ALLEIN! ERST DER HERZINFARKT BEI DER ARBEIT UND DANN DIE FESTSTELLUNG, DASS TIERE DOCH IN DEN HIMMEL KOMMEN!

Dem geschlachteten Tier werden zunächst alle hochwertigen Fleischstücke entnommen und danach - meist in Handarbeit - das noch vorhandene Fleisch vom Knochen abgetrennt. Dieses „Knochenputz" genannte Fleisch wird verschiedenen Fleischerzeugnissen, wie z.B. Wurst, zugesetzt. Zuletzt wird das Restfleisch maschinell von den ausgelösten Knochen entfernt. Die dabei entstehende hackfleischähnliche Masse, in der auch Anteile von stark zerkleinerten Knochen enthalten sein können, wird als „**Separatoren-Fleisch**" bezeichnet. Die Masse darf nur für hitzebehandelte Fleischerzeugnisse verwendet werden.

Weil bei der Herstellung auch Teile des Rückenmarks in den Brei gelangen, wurde ab Oktober 2000, nach Auftreten der BSE-Krise, die Verarbeitung von Rinder-Separatoren-Fleisch in der EU verboten. Inzwischen ist das Verbot wieder gelockert worden. In Deutschland werden pro Jahr ganz legal etwa 70.000 Tonnen Separatoren-Fleisch mit gutem Gewinn verarbeitet, vor allem bei der Herstellung von Wurst und Brühe.

Auch alle anderen Fleischreste werden wirtschaftlich genutzt. Durch ein besonderes Verfahren, bei dem kleine Fleischstücke durch Vermischung mit dem Enzym Transglutaminase zu großen Fleischstücken „zusammengeklebt" werden, entsteht das sogenannte **Klebefleisch**. Daraus werden täuschend echt aussehende Nussschinken, Filets oder Schnitzel geformt, die der Verbraucher nicht mehr als Fälschungen erkennen kann. Das Verfahren wird sowohl bei Fleisch vom Rind, Schwein und Geflügel als auch bei Fisch und Schalentieren angewendet. Seit 2014 müssen diese Produkte auf der Verpackung eindeutig als Lebensmittel-Imitate mit dem Hinweis auf die verwendeten Tierarten gekennzeichnet werden.

NUN BRAUCHT'S FÜR DEN ANALOG-WEIHNACHTSBRATEN NUR NOCH EIN STÜCKCHEN GÄNSEHAUT!
HENNIGER

FLEISCHHANDEL IM WANDEL

Ersatzkäse, Ersatzschinken, na wenigstens die Fliege ist echt!

Die **Gentechnik** ermöglicht es, artfremde Erbinformationen in andere Organismen zu übertragen und Erbeigenschaften zu manipulieren. Dadurch können z.B. Wachstum und Ertrag bei Nutzpflanzen gefördert oder eine längere Haltbarkeit bei Obst und Gemüse erreicht werden. Bei Pflanzen, die durch genetische Manipulationen eine Herbizit-Toleranz entwickelt haben, wird der Einsatz von Unkrautvernichtungsmitteln erleichtert. Mit Hilfe der Gentechnik werden aber auch Impfstoffe, Medikamente und Vitamine hergestellt, deren Einsatz in Deutschland nicht verboten ist. Menschliches Insulin wird seit den 1980er-Jahren durch Gentechnik im Labor produziert. In Deutschland sind im Gesetz zur Regelung der Gentechnik u.a. Genehmigungsverfahren und Sicherheitsmaßnahmen festgeschrieben.

Obwohl wissenschaftliche Untersuchungen belegen, dass gentechnisch veränderte Lebensmittel für die Gesundheit unbedenklich sind, bleiben sie in vielen Ländern umstritten. Auch in Deutschland ist der Widerstand unvermindert hoch. Kritiker weisen darauf hin, dass die Langzeitwirkungen noch nicht ausreichend erforscht sind. Obwohl von der EU nicht generell verboten, werden seit 2012 in Deutschland keine gentechnisch veränderten Pflanzen mehr angebaut. Allerdings ist der Import erlaubt und da der Bedarf eiweißreicher Futtermittel nicht durch heimische Produkte gedeckt werden kann, werden gentechnisch veränderte Sojabohnen aus Nord- und Südamerika eingeführt.

Wer beim Einkauf von Lebensmitteln sicher gehen will, sollte auf die Kennzeichnung „ohne Gentechnik“ achten. Eine Kennzeichnungspflicht besteht, wenn ein Lebensmittel mehr als 0,9 Prozent gentechnisch veränderte Bestandteile enthält. Nicht kennzeichnungspflichtig sind dagegen Fleisch, Milch und Eier von Tieren, die Futter aus gentechnisch veränderten Pflanzen erhalten haben.

Sorry, aber was der Verzehr von Genmais für Folgen haben könnte, das hatten wir vorher nicht erforscht!
KS 14
Jahre nach der Einführung ...

„Ich glaube, Bauer Garbers arbeitet auch schon mit Gentechnik.
Jedenfalls hatten wir im Frühjahr noch kein Waldgrundstück."
„Ich verstehe dich nicht, Liebling, der Mais raschelt so laut!"

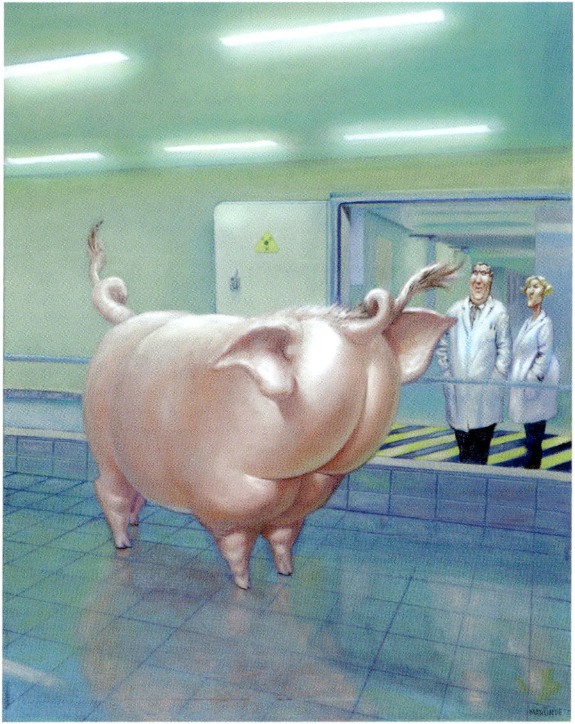

„Glückwunsch, Dr. Mencke – aber passen sie um Gotteswillen auf, dass die Presse keinen Wind davon bekommt!“

GENTECHNISCH VERÄNDERTE LANDSCHAFT.

IST DER AUCH NICHT GENMANIPULIERT?

Mit der Entwicklung und dem Einsatz von chemischen Substanzen gelang es den Bauern seit Ende des 19. Jahrhunderts, die Ernteerträge mit weniger körperlichem Einsatz deutlich zu steigern. Neben dem Dünger für ein besseres Pflanzenwachstum wurden auch chemische Substanzen entwickelt, die unerwünschte und als Schädlinge eingestufte Tiere und Pflanzen in der Landwirtschaft bekämpfen.

Die sogenannten **Pestizide** gliedern sich in viele Untergruppen, von denen am bekanntesten die Mittel zur Bekämpfung von Insekten (Insektizide) und zur Vernichtung bzw. Wachstumshemmung von Unkräutern (Herbizide) sind. Auch das inzwischen hochumstrittene Glyphosat gehört zu der Gruppe der Pestizide.

Seit Einführung ist die Effektivität der Mittel ständig verbessert worden. Als positiv und wünschenswert wurde besonders nach dem Zweiten Weltkrieg der Einsatz von Unkrautvernichtungsmitteln anerkannt. Galt es doch, den Böden maximale Erträge abzuringen, um den Hunger zu bekämpfen.

Inzwischen sind die Umsätze zu einem Milliardengeschäft geworden. Allein in Deutschland werden für Pestizide jährlich mehr als 1,23 Milliarden Euro ausgegeben, europaweit sind es etwa sechs Milliarden Euro.

Längst hat sich die allgemeine Zustimmung zu einer kritischen Haltung gewandelt. Mit Sorge wird beobachtet, dass mit der Beseitigung sogenannter Unkräuter Pflanzen verschwinden, die als Bienen-Nahrung notwendig sind. Die Nahrungskette ist bereits empfindlich aus dem Gleichgewicht geraten. Um das weitere Aussterben von Pflanzen, Insekten und Vögeln zu stoppen, plädieren Umweltschutzorganisationen für einen nachhaltigen, umweltschonenden landwirtschaftlichen Anbau und ein Totalverbot von Pestiziden.

„Der Mars greift an! Wir müssen die Feuerwehr alarmieren!!“
„Das ist meine neue selbstfahrende itelligente Präzisions-Kombi-Spritze, Kurt!
Du wirst mit dem Ergebnis zufrieden sein!“

DER NÄCHSTE GLAUBENSKRIEG

TIL
ALS VORSPEISE EIN SALAT AUS BIOLOGISCHEM ANBAU. FALLS SIE KEINE ÖKOS SIND, DER PESTIZID-STREUER STEHT AUF DEM TISCH.

Das **Unkrautvernichtungsmittel Glyphosat** wurde 1974 auf den Markt gebracht. Seine Anwendung findet es zur Unkrautvernichtung auf Ackerflächen, bevor die Nutzpflanzen ausgesät werden. Lange wurde davon ausgegangen, dass das Pestizid keine Gefahr für den Menschen sei. Der Streit um Glyphosat begann, als die WHO 2015 das Mittel als „wahrscheinlich krebserregend" einstufte. Und obwohl dem weltweit zahlreiche Institutionen widersprechen und Glyphosat als ungefährlich einschätzen, hält die Debatte seitdem unvermindert an. Zuletzt geriet das Mittel in die Schlagzeilen, als der frühere deutsche Landwirtschaftsminister nach langem Streit im November 2017 im Alleingang der Anwendung von Glyphosat in der EU für weitere fünf Jahre zustimmte.

Das hochwirksame Glyphosat, dem von Kritikern auch eine Mitschuld am Insektensterben zugeschrieben wird, ist das meistverkaufte Unkrautvernichtungsmittel in der EU. In Deutschland kommt es auf fast 40 Prozent der landwirtschaftlichen Flächen zum Einsatz. Wie die langfristigen Folgen für das Ökosystem sein können, ist noch nicht erforscht worden.

Inzwischen warnen Fachleute, dass nach einem Totalverbot von Glyphosat wesentlich giftigere Pflanzenschutzmittel folgen könnten. Alternativ müsste der Boden mindestens 30 Zentimeter tief umgepflügt werden. Dafür würde der Einsatz von schweren Landmaschinen auch eine hohe CO_2-Belastung bedeuten.

Dennoch gibt es längst Bürgerinitiativen, die auf regionaler Ebene ein Zeichen setzen: Über 50 Städte und Gemeinden Deutschlands haben sich entschieden, ihre Grünflächen ohne den Einsatz von Glyphosat zu bewirtschaften. Auch Betriebe reagieren auf das umstrittene Mittel. Einige Großmolkereien verarbeiten nur noch Milch von Kühen, die auf glyphosatfreien Wiesen geweidet haben.

Er hat sich mit dem Unkrautvernichtungsmittel Glyphosat gedopt.
Wo er hinhaut, wächst kein Gras mehr!!

MONSANTO
ENTWARNUNG! GLYPHOSAT IST VÖLLIG HARMLOS!
NA, GOTT SEI DANK!
HB

500 JAHRE DEUTSCHES BIER-REINHEITSGEBOT: WAS DARF DRIN SEIN?
HOPFEN UND MALZ...
...WASSER, HEFE...
STAMMTISCH
HB
...UND EIN SCHUSS GLYPHOSAT FÜR DEN GESCHMACK!

Bereits 2013 belegte eine Studie der Europäischen Behörde für Lebensmittelsicherheit den massenhaften Rückgang von Insekten, verursacht durch den Einsatz von sogenannten Neonicotinoiden. Mit diesen Insektengiften wird bereits das Saatgut gebeizt, um die Nutzpflanze vor Schädlingsbefall zu schützen. Ende 2013 wurde der Einsatz vieler Gifte in Europa beschränkt, bestimmte Verbote aber durch Sondergenehmigungen wieder aufgehoben.

Eine neue Studie von 2018 zeigt trotz der Einschränkungen einen weiteren Rückgang der Insektenpopulation, die wiederum einen Rückgang der Vögel zur Folge hat. Natur- und Umweltschützer fordern deshalb von der EU ein Komplettverbot aller Insektizide. Nur so kann auch das **Aussterben der Biene** verhindert werden. In China sind die Folgen bereits zu beobachten. Dort müssen in einigen Regionen die Blüten der Obstbäume durch Tagelöhner per Hand bestäubt werden. Dafür werden täglich frische Blüten gesammelt, aus denen in einem aufwändigen Verfahren die zur Bestäubung notwendigen Pollen gewonnen werden. Ein Bienenvolk bestäubt am Tag 300 Millionen Blüten. Zur Erbringung derselben Leistung wären etwa 1.500 „menschliche Bienen“ notwendig.

Neben den Insektiziden und den Varroa-Milben sind es auch milde Winter, die den Bienen zu schaffen machen. Seit April 2018 gilt das Freilandverbot von drei besonders bienenschädlichen Neonicotinoiden. Der EuGH bestätigte damit einen EU-Beschluss, gegen den ein Chemiekonzern geklagt hatte. In Gewächshäusern dürfen die Insektizide jedoch weiterhin angewendet werden.

Der Schutz der Biene ist auch in den Koalitionsvertrag der Bundesregierung aufgenommen worden.

„Wie herrlich, Liebling: Der Mai ist gekommen!“
„Lass uns einen Frühlingsausflug in die Stadt machen, Schatz! Dort blüht jetzt alles, im Stadtpark gibts Bäume und ganz viele Vögel – stell dir das Gezwitscher vor!“

TIL
DER DÜMMSTE BAUER HAT DIE DICKSTEN PESTIZIDE...

Bayers Monsanto-
Übernahme schafft
neue Arbeitsplätze
wurster

Anfang des Jahres 2011 fanden Lebensmittelkontrolleure im Futter für Legehennen erhöhte Dioxin-Werte. Die Spur führte zu einem Chemieunternehmen in Schleswig-Holstein, in dem dioxinbelastetes Industriefett an Futtermittelhersteller verkauft worden war. Diese hatten das Fett weiter verarbeitet und damit Hühner- und Schweinemastbetriebe beliefert. Mehr als 150.000 Tonnen Futtermittel gelangten so in Umlauf.

Wochenlang wurden **dioxinbelastete Eier und Fleisch** über Supermarktketten und Restaurants verkauft. Nach Bekanntwerden des Skandals wurden fast 5.000 Betriebe gesperrt und hunderttausende Eier vernichtet.

Dioxine sind organische Stoffgruppen, die nicht gezielt hergestellt werden, sondern bei chemischen Prozessen als Nebenprodukte entstehen wie z.B. in der chemischen Industrie oder bei der Müllverbrennung. Dioxine sind geruch- und geschmacklos und führen in geringer Dosierung auch nicht zu sofortigen gesundheitlichen Schäden. Dioxin lagert sich im Fettgewebe des Menschen ab und es dauert Jahre, bis es wieder abgebaut ist. Das geschieht aber nur, wenn man keine weiteren dioxinbelasteten Lebensmittel zu sich nimmt. Die Wirkung ist langfristig und kann zu Schäden am Nerven- und Immunsystem und an der Leber führen oder die Fruchtbarkeit beeinträchtigen.

Im Zuge der Ermittlungen erfuhren die Verbraucher, dass nicht nur alte Speisefette aus der Gastronomie ins Tierfutter gemischt, sondern auch zerkleinerte Federn, Sägespäne, Klärschlamm und sogar Gülle beigemengt wurden. Als Folge des Dioxin-Skandals fordern Politiker und Verbraucherschützer genauere Kontrollen in der Tierfutterproduktion.

DIOXIN-WUTBÜRGER

Wissen Sie, bei all dem eigenartigen Zeug, was man so zu Tierfutter-Zusatzstoffen verarbeitet, kam uns DAS auch nicht weiter komisch vor...
MISCHFETTSÄURE
AUS BIODIESEL-PRODUKTION
NUR FÜR INDUSTRIELLE ZWECKE!
HS 11

NEUE SENDEFORMATE

Einer der größten Lebensmittelskandale in der Bundesrepublik begann im Mai 2011 in Norddeutschland, als Menschen über Bauchschmerzen, Übelkeit und starken Durchfall klagten. Wenige Wochen später hatten sich mehr als 3.800 Personen mit dem **Darmkeim Ehec** angesteckt, 53 starben an der Infektion, manche erlitten bleibende Nierenschäden.

Die Behörden suchten intensiv nach dem Auslöser und fanden einige Tage später Gurken, auf deren Schale Ehec-Keime entdeckt wurden. Die gesamte Ernte der aus Spanien stammenden Gurken wurde vernichtet bzw. mit einem Import-Stopp belegt. Erst dann stellte sich heraus, dass die Gurken nicht die Ursache waren.

Nachdem Tomaten und Salat auch ausgeschlossen werden konnten, richtete sich im Juni 2011 der Verdacht auf einen Gartenbaubetrieb in Niedersachsen, in dem eine Mitarbeiterin an Ehec erkrankt war. Der Betrieb züchtete Sprossen, die an Supermärkte und Restaurants geliefert wurden. Die Sprossen konnten - wie Jahre zuvor in Asien - der Auslöser der **Ehec-Epidemie** sein. Der Betrieb wurde gesperrt, die Produkte zurückgerufen und die Bevölkerung vor dem Verzehr von Sprossen gewarnt. Die Spur der Sprossensamen wurde bis nach Ägypten zurückverfolgt. Dennoch konnten die Sprossen nie eindeutig als Auslöser nachgewiesen werden. Auch wurde nur bei einem Zehntel der Erkrankten die Ursache eindeutig festgestellt.

Bei der Epidemie hatten sich zwei Bakterien-Typen durch Genübertragung zu einer besonders wirksamen Mischung vereint, zum O104:H4. Bis heute versuchen Forscher die Strategie des Ehec-Stamms O104:H4 zu verstehen, um bei einem neuen Ausbruch besser vorbereitet zu sein.

FINDEN SIE
DIE EHEC-NADEL IM
GEMÜSEHAUFEN!!
ERL

Als im Januar 2013 in Großbritannien und Irland bei Lebensmittelkontrollen in Rindfleisch-Burgern auch Spuren von Pferdefleisch gefunden wurden, nahm einer der größten Lebensmittelskandale seinen Anfang. Die Spur führte zu einem französischen Hersteller, der sein Fleisch aus Rumänien bezog.

Einen Monat später wurde auch in Deutschland Pferdefleisch in Fertiggerichten entdeckt. 124 deutsche Betriebe hatten unwissentlich 50.000 Tonnen falsch deklariertes Rindfleisch in Umlauf gebracht. Auch wenn für den Verbraucher davon keine gesundheitliche Gefahr ausgegangen war, weitete sich der sogenannte **Pferdefleischskandal** aus. Das Fleisch wurde - außer nach Bremen und ins Saarland - in alle Bundesländer verkauft. Weitere Nachforschungen ergaben, dass das falsch deklarierte Fleisch ebenfalls an über 500 Betriebe in 16 EU-Staaten verkauft wurde.

Einem niederländischen Fleischgroßhändler konnte schließlich nachgewiesen werden, mehr als 330.000 Kilogramm billiges Pferdefleisch als Rindfleisch deklariert und verkauft zu haben, das im Anschluss zu Rindergulasch, Chili con Carne, Bolognese, Lasagne oder Hacksteaks verarbeitet wurde. Der Händler wurde wegen Betrugs und Falschdeklaration zu einer Haftstrafe verurteilt. Die gesamte Fleischproduktion von Januar 2011 bis Februar 2013 wurde für den Handel gesperrt und vernichtet.

Der Pferdefleischskandal löste auch eine Debatte über die Kontroll- und Kennzeichnungspflicht bei der Herstellung von Lebensmitteln aus. Manche Länder forderten sogar, eine europäische Lebensmittelpolizei einzurichten, fanden aber dafür bis heute keine Unterstützung.

TIL
PAPA, WARUM ESSEN WIR KEIN PFERDEFLEISCH ??
SIND DOCH SAUBERE TIERE ?!

WAUWAU!
MÄHMÄH!
HOTTEHÜ?

FROLLEIN! ICH HABE HAARE IN DER OCHSENSCHWANZ-SUPPE!
DAS IST PFERDESCHWANZ-SUPPE.
HB

Fipronil ist ein Insektizid, das in Frankreich in den 1980er-Jahren als Pflanzenschutzmittel entwickelt wurde. Das Mittel, das Flöhe, Zecken und Milben bekämpft, ist auch für Honigbienen extrem giftig. 2013 beschloss die EU, den Einsatz von Fipronil in der Landwirtschaft zu begrenzen.

Als im Herbst 2017 bei den üblichen Lebensmittelkontrollen mit **Fipronil belastete Eier** und Ei-Produkte entdeckt wurden, ahnte niemand, dass sich der Eierskandal über 45 Länder erstrecken und - außer Litauen und Kroatien - ganz Europa und auch die Türkei, die USA, Russland sowie Südafrika betreffen würde.

Auf der Suche nach der Ursache fand man heraus, dass Fipronil in einem belgischen Desinfektionsmittel enthalten war, mit dem Hühnerställe in den Niederlanden, in Belgien, in Frankreich und in Deutschland gereinigt wurden. Schätzungen zufolge waren rund 10,7 Millionen Eier belastet, von denen ein Teil bereits zu Lebensmitteln weiter verarbeitet worden war.

Die Belastung pro Ei mit Fipronil war in keiner Probe so hoch, dass gesundheitliche Schäden zu befürchten waren. Dennoch wurden die Eier aus dem Handel zurückgezogen, Legehennen-Betriebe gesperrt und Millionen Tiere und Eier vernichtet.

WIR ESSEN SCHON SEIT WOCHEN KEINE EIER MEHR.
TIL

BELGISCHE FAHNDER
JAGEN FIPRONIL-EIER:
ERL17

Keine Sorge! Nach einem Software-Update sind jetzt alle Eier wieder voll genießbar!!
KS 17

Die Gabe von **Antibiotika in der Tiermast** beugt nicht nur Krankheiten vor, sondern fördert auch das schnellere Wachstum und damit den Gewinn. Erst seit 2011 wird in Deutschland erfasst, wie viele Antibiotika Nutztieren verabreicht werden. Damals waren es mehr als 1.700 Tonnen pro Jahr. Vier Jahre später wurde der Verbrauch um mehr als die Hälfte gesenkt, allerdings war die Gabe sogenannter Reserve-Antibiotika – spezielle Antibiotika, die nur bei Infektionen mit resistenten Erregern angewendet werden – kaum zurückgegangen.

Zusätzlich wurde 2014 durch das Bundesamt für Verbraucherschutz und Lebensmittelsicherheit auch eine Meldepflicht der Antibiotikaeinsätze eingeführt. Seitdem müssen Tierhalter ab einer bestimmten Betriebsgröße halbjährlich Auskunft geben, wie viele Tiere wie lange mit welchem Arzneimittel behandelt wurden. Auf diese Weise wird ein **Antibiotika-Missbrauch** erkannt und durch die Behörde unterbunden.

Dennoch erhöht sich durch den dauerhaften Einsatz von Antibiotika bei der Tierzucht und Tiermast die Gefahr von Resistenzen. 2016 untersuchten Schweizer Forscher Geflügelfleisch aus Europa und fanden in 40 Prozent der Proben aus Deutschland resistente Bakterien, die nur noch mit Reserve-Antibiotika behandelt werden können. Für den Verbraucher besteht das Problem nicht darin, durch den Genuss von Fleisch eigene Resistenzen zu entwickeln, sondern, sich die bereits resistent gewordenen Keime über Lebensmittel in seine Küche zu holen.

Umweltschützer und Grüne fordern seit längerem, Reserve-Antibiotika in der Tierhaltung komplett zu verbieten. Anfang 2018 stimmte der Bundesrat einer Verordnung des Landwirtschaftsministeriums zu, die strengere Regeln bei der Verabreichung von Reserve-Antibiotika in der Tiermast festlegt.

So, hier deine Antibiotika!!
KS 12

WAS IST GESÜNDER?

Ein Mini-Untersuchungslabor gehört heute zu einer gut ausgestatteten Küche.

Sehr genau wird von Marktforschern das Einkaufsverhalten der Kunden beobachtet und analysiert. Der kritische und informierte Kunde kann mit seiner Kaufentscheidung - oder Verweigerung - viel bewegen. **Verbraucherschützer**, Bürgerinitiativen und Nichtregierungsorganisationen zwingen den Markt, nicht nur nach maximalem Gewinn zu streben, sondern auch zu berücksichtigen, unter welchen Bedingungen produziert wird. Eine steigende Zahl von Verbrauchern interessiert sich, wie umwelt- und gesundheitsverträglich die Herstellung verläuft und woraus sich das Produkt zusammensetzt.

Als Orientierung beim Einkauf und für die Lagerung von Lebensmitteln wurde 1981 in der Bundesrepublik die Angabe des „Mindesthaltbarkeitsdatums" eingeführt, das - bis auf wenige Ausnahmen - auf allen Lebensmitteln angegeben werden muss. Häufig löst diese Information bei den Kunden jedoch Unsicherheit aus, weil die Angabe der Mindesthaltbarkeit mit der Information über das Verbrauchsdatum gleichgesetzt wird. In der Folge wird das Produkt mit Überschreitung des Datums weggeworfen und damit die Verschwendung von Lebensmitteln befördert.

Bei der Einführung einer „Nährwert-Ampel" plant die große Koalition einen neuen Anlauf. Bis Mitte 2019 soll der Verbraucher auf den ersten Blick erkennen, wie viel Zucker, Fett, gesättigte Fettsäuren oder Salz die jeweiligen Lebensmittel enthalten. In der EU scheiterte die Einführung einer Nährwertkennzeichnung bis heute am Widerstand der Lebensmittelindustrie.

Hilfreich bei der Fülle von Informationen über Bestandteile und Zusammensetzung von Lebensmitteln ist eine kritische Berichterstattung durch die Medien und die Arbeit von Verbraucherschutzorganisationen. Zahlreiche Gütesiegel stehen für fairen Handel oder Produkte aus biologischem Anbau.

Endlich drauf schreiben, was drin ist !!

Ich bin aber der Verbraucher!

SELBER SCHULD, WENN DIE POLITIK KEINE LEBENSMITTEL-AMPEL WILL....
TIL

Die Milchpreise für die Erzeuger befanden sich im Mai 2015 mit weniger als 20 Cent pro Liter auf einem historischen Tiefstand. Wenigstens das Doppelte müssten die Milchbauern bekommen, um mit Gewinn wirtschaften zu können.

Ein Jahr zuvor war die EU-Milchquote abgeschafft worden, was bei den Erzeugern dazu führte, die Milchproduktion zu erhöhen. Ein Überangebot, die sogenannten **„Milchseen"** entstanden. Zur selben Zeit stockte der Export von Molkereiprodukten nach China und in die Golfstaaten; Russland reagierte auf die EU-Sanktionen mit einem Einfuhrverbot.

Die **Milchbauern** sahen sich in ihrer Existenz bedroht, sie protestierten und konnten durch einen Lieferboykott kurzfristig höhere Zahlungen des Handels durchsetzen. In Berlin fand im Mai 2016 ein „Milchgipfel" statt, bei dem das Bundeslandwirtschaftsministerium Vertreter der Landwirtschaft, der Molkereien und des Einzelhandels an einen Tisch bat. Für die Milchbauern wurde eine Soforthilfe in Höhe von 100 Millionen Euro beschlossen. Langfristig können jedoch nur strukturelle Änderungen auf dem Milchmarkt das Problem der Überproduktion lösen. Gleichzeitig wird an die Bereitschaft des Kunden appelliert, für Milch einen höheren Preis zu zahlen.

Der Preis für Bio-Milch war übrigens wenig vom Preisverfall betroffen. Produktion und Nachfrage blieben annähernd im Gleichgewicht.

Milchkrise
KS 15

„MILCHPREIS UNTER 20 CENT" ...MÜSSTEST DU NICHT EIGENTLICH IM STALL SEIN?
HAB' SCHILDER AUFGESTELLT.
„MILCH ZUM SELBER-MELKEN".
HB

TIL
MILCH IST ZU BILLIG!

Ungefähr 60 Kilogramm Fleisch verzehrt jeder Deutsche durchschnittlich pro Jahr, die Hälfte davon in verarbeiteter Form als Wurst, Schinken und in Fertiggerichten. Der Anteil von Schweinefleisch ist mit 36 Prozent am höchsten, gefolgt von Rindfleisch und Geflügel. Allerdings nimmt der **Verbrauch von Schweinefleisch** stetig ab, zwischen 1996 und 2016 wurden 20 Kilogramm weniger gegessen. Der Verbrauch von Rind und Geflügel stieg dafür etwas an.

Die Ursachen für den leichten Rückgang des Fleischverzehrs sind die älter werdende Gesellschaft (alte Menschen essen weniger), der Trend zu Fertigprodukten und das wachsende Gesundheitsbewusstsein. Dennoch wird in Deutschland deutlich mehr Fleisch gegessen als von Ernährungsexperten empfohlen. Mehr als 300 bis 600 Gramm Fleisch und Wurst pro Woche sollte man nicht essen; das entspräche einer Menge von 16 bis 31 Kilogramm pro Jahr.

Neuesten Studien zufolge stehen heute anderthalb Milliarden Rinder auf der Weide. Das bei der Verdauung ausgestoßene Methan heizt das Weltklima 25 Mal stärker auf als Kohlendioxid. Eine **Reduzierung des Fleischverbrauchs** würde nicht nur eine gesunde Ernährung fördern, sondern auch die Massentierhaltung reduzieren und die Umwelt schonen.

Die 2015 von der Weltgesundheitsorganisation WHO herausgegebene Warnung vor dem Verzehr von rotem Fleisch musste inzwischen zurück genommen werden. Es gibt keine Beweise, dass der Genuss von Fleisch – egal welcher Farbe – zu Krebs führt.

„Wenn der Wind so bleibt, sind wir in einer Stunde
über Berlin-Mitte und Kreuzberg, Herr Direktor."
„Bravo Käpt'n! Das wird den Gemüseanbetern da unten zu denken geben!"

Wolf-Rüdiger Marunde

GRUPPENTHERAPIE

Wir brauchen für die Schule Anschauungsmaterial für ungesunde Ernährung. Was können Sie uns empfehlen?

Darfs ein bisschen weniger sein?
wurster

Demnächst

Auch wenn der Verzehr von Obst und Gemüse gestiegen ist, sind die Deutschen zu dick. 37 Prozent der Frauen und 59 Prozent der Männer sind übergewichtig. Damit liegen die Deutschen über dem EU-Durchschnitt. Ursache dafür ist die dauernde Verfügbarkeit von preiswerten aber kalorienhaltigen Lebensmitteln und zuckerhaltigen Getränken bei abnehmender körperlicher Bewegung.

Mit dem **Körpergewicht** steigt auch das Risiko für Herz-Kreislauf-Erkrankungen, Diabetes und Krebs, Probleme mit Gelenken nehmen zu. Die Bundesregierung hat darauf mit Informationskampagnen reagiert, Ernährungsberatungen in Kitas und Schulen durchgeführt und Appelle an die Lebensmittelindustrie gerichtet, freiwillig den Gehalt an Zucker, Fetten und Salzen in Fertigprodukten zu senken. Der Erfolg war bisher mäßig, die Gewichtszunahme – besonders bei Jugendlichen – ist alarmierend.

Im Mai 2018 haben mehr als 2.000 Vertreter aus 15 Ärzteverbänden, Fachorganisationen und Krankenkassen die Bundesregierung in einem offenen Brief aufgefordert, wirksame Maßnahmen gegen die Fehlernährung zu ergreifen. Die wichtigsten Punkte ihrer Forderungen sind: die Einführung einer „Nährwert-Ampel", die Einschränkung von Lebensmittelwerbung für Kinder und verbindliche Standards für Kita- und Schulessen. Auch soll – wie in anderen Staaten schon erfolgreich praktiziert – eine „Zucker-Steuer" für Getränke eingeführt werden. Obst und Gemüse soll dafür steuerlich vergünstigt angeboten werden.

Zielgruppe dieser Maßnahmen sollen vor allem Kinder und Jugendliche sein, von denen bereits 15 Prozent übergewichtig sind.

Versteckte Fette

Deshalb ist unser Vorsatz fürs Neue Jahr, bei Dickmacher-Werbung, SOFORT umzuschalten!

BILLIGE TRICKS UM KINDER ANS ESSEN ZU KRIEGEN...
HEUTE SPINATFLATRATE!
ALL YOU CAN EAT!!!
2,–€!

Apple Watch und Google Glass

Mein Ernährungsnavi
"Links liegen lassen und Sie haben Ihr Ziel erreicht"

Ein gestiegenes Umweltbewusstsein, mehr Wissen über die Herkunft und Produktion unserer Nahrungsmittel aber auch Berichte über darin enthaltene Schadstoffe und Lebensmittelskandale veranlassen immer mehr Deutsche, zu Bio-Produkten zu greifen. Der Anteil an **Bio-Lebensmitteln** liegt aktuell bei 5 Prozent.

Seit 1993 schreibt eine EG-Öko-Verordnung vor, welche Kriterien erfüllt sein müssen, um Lebensmittel mit dem Bio-Siegel kennzeichnen zu dürfen. Tiere müssen artgerecht gehalten werden und dürfen nur ökologisch angebautes Futter bekommen. Beim Gemüse- und Obstanbau dürfen keine künstlich hergestellten Pflanzenschutzmittel und kein Kunstdünger benutzt werden, ebenso ist der Einsatz von Gentechnik untersagt. Bei verarbeiteten Produkten müssen mindestens 95 Prozent der landwirtschaftlichen Zutaten aus ökologischem Landbau stammen, sonst darf das Bio-Siegel nicht verwendet werden.

Aktuell werden 7,5 Prozent der Ackerflächen und damit 1,25 Millionen Hektar in Deutschland ökologisch bewirtschaftet. Im Land Brandenburg ist der Anteil prozentual noch höher: Von der gesamten landwirtschaftlich genutzten Fläche werden 137.600 Hektar und damit 10,5 Prozent ökologisch bewirtschaftet.

Ziel der Bundesregierung ist, den Anteil ökologischer Landwirtschaft auf 20 Prozent zu steigern. Allerdings warnen Fachleute davor, die biologische und die konventionelle Landwirtschaft gegeneinander auszuspielen. Sie weisen darauf hin, dass „biologisch" nicht automatisch gesünder bedeutet. Auch wird für die umweltschonende Herstellung mehr Fläche benötigt und damit geht Lebensraum für Pflanzen und Tiere verloren. Empfohlen wird, dass beide Seiten aufeinander zugehen und voneinander lernen sollen.

Ist das Bio?
Ja, biologisch abbaubar

KRIEGE ICH DIESE VERSCHRUMPELTEN ALTEN ÄPFEL ZUM HALBEN PREIS?
DAS IST BIO-OBST! DAS KOSTET DAS DOPPELTE!!
HOGLI

ICH FAHR MAL SCHNELL ZUM BIOLADEN!
B-TT 233
HOGLI

ESST NUR
PRODUKTE
AUS DER GEGEND

Die Deutschen legen jetzt mehr Wert auf gesunde Ernährung !

Der Anteil der **Vegetarier** in Deutschland ist in den letzten Jahren gestiegen. Die Angaben schwanken je nach untersuchendem Institut zwischen 4 Prozent (Robert-Koch-Institut) und 10 Prozent (Institut für Demoskopie Allensbach) der Deutschen im Erwachsenenalter. Unstrittig ist, dass sich mehr Frauen als Männer fleischlos ernähren und die meisten Vegetarier zwischen 18 und 29 Jahre alt sind.

Veganer gehen noch weiter als Vegetarier und verzichten komplett auf Lebensmittel tierischen Ursprungs. Das heißt, sie essen auch keine Eier und Milchprodukte. Die Entscheidung, sich vegan zu ernähren, hat oft weltanschauliche und ethische Gründe. Allergien und Lebensmittelunverträglichkeiten können durch eine rein pflanzliche Ernährung verbessert werden. Es gibt vegane Restaurants und eine ständig wachsende Zahl von Kochbüchern und Ratgebern. Auch wurde in den letzten Jahren viel bei der Herstellung von fleischloser Wurst experimentiert. Inzwischen ist der Umsatz von Fleischersatzprodukten wieder rückläufig, der Geschmack konnte den Verbraucher nicht überzeugen.

Studien zeigen, dass Veganer seltener unter Bluthochdruck, Diabetes und Übergewicht leiden. Allerdings warnen Ernährungswissenschaftler auch vor einem Mangel an bestimmten Vitaminen und Nährstoffen und raten Kleinkindern, Schwangeren, stillenden Müttern und alten Menschen von einer veganen Ernährung ab.

In Bremen wurde 2010 der „fleischlose Donnerstag", der sog. **Veggieday**, für Großküchen und Kantinen eingeführt. Der im Wahlkampf 2013 von den Grünen bundesweit geforderte Veggieday konnte sich dagegen nicht durchsetzen.

Veggie Day

PFERDELASAGNE, EIER... JETZT DAS GIFTIGE TIERFUTTER... GEBEN SIE MIR EINFACH NUR EINE MÖHRE...

IST IN DEN SEMMELN AUCH KEIN TIERMEHL?
HOGLI

ICH NEHME DIE GEBRATENE AUBERGINE AUS METT...
Zum undogmatischen Vegetarier

HATTEN WIR NICHT GESAGT, DONNERSTAG IST VEGGIE-DAY?!
TIL

Katholisch und vegan

Ein Tofuschnitzel bitte.
Wurster

Die erste **„Tafel“** wurde 1993 in Berlin gegründet, um „Lebensmittel zu retten und Menschen zu helfen“. Dafür sammelte der Verein Berliner Tafel täglich nach Ladenschluss aus Supermärkten Lebensmittel ein, die nicht mehr verkauft werden konnten aber noch von einwandfreier Qualität waren. Danach wurden diese gespendeten Lebensmittel an sozial und wirtschaftlich Benachteiligte ausgegeben.

Was als „Mahlzeit-Nothilfe“ für Obdachlose gedacht war, wurde schnell für Geringverdiener, Hartz-Vier-Empfänger, Alleinerziehende, Rentner, Migranten und zuletzt auch für viele Geflüchtete zur regelmäßigen Unterstützung.

Inzwischen gibt es bundesweit 934 Tafeln mit mehr als 2.100 Läden und Ausgabestellen. Regional unterschiedlich organisiert, verteilen rund 60.000 ehrenamtliche Helfer nicht nur Lebensmittel an Bedürftige, sondern in manchen Städten auch Kleidung, Haushaltswaren und Möbel.

Regelmäßig profitieren bis zu 1,5 Millionen Menschen in Deutschland von den Angeboten der Tafel. Als gemeinnütziger Verein ist die Tafel auch auf Spenden angewiesen. Mit Sorge beobachten die Initiatoren und Helfer, dass in den letzten Jahren die Zahl der Bedürftigen schneller gestiegen ist als die Menge der gespendeten Lebensmittel. Das liegt auch daran, dass Supermärkte und Discounter mittlerweile besser wirtschaften und weniger Lebensmittel aus dem Verkauf genommen werden müssen.

Deutschland geht es gut!
TAFEL
DEUTSCHLAND
ERL17

Weltweit hungern 842 Millionen Menschen und rund 2 Milliarden leiden unter chronischen Mangelerscheinungen, die langfristig zu schweren Krankheiten führen können. Dabei wäre genug Nahrung für alle da.

Seit der Gründung 1962 verfolgt die Deutsche Welthungerhilfe – eine der größten privaten Hilfsorganisationen – mit vielfältigen Strategien das Ziel, bis 2030 den **Hunger in der Welt** zu beenden. Unter dem Motto „Hilfe zur Selbsthilfe" wurden in den 1970er-Jahren nachhaltige Entwicklungsprojekte durch Spenden und Fördergelder ermöglicht.

Allerdings sorgt der fortschreitende Klimawandel immer häufiger für lang anhaltende Dürren oder Überschwemmungen, die wiederum zu Versorgungskrisen in einigen Ländern z.B. in Afrika und Asien führen. Bewaffnete Konflikte und das Fehlen von staatlichen Strukturen verschärfen die Probleme zusätzlich.

Die Idee, angesichts knapper werdender Öl-Vorkommen Treibstoff aus nachwachsenden Rohstoffen – oft irreführend als „Bio-Sprit" bezeichnet – zu erzeugen, schien vor sechs Jahren der erhoffte Ausweg aus der Energie-Krise zu sein und außerdem das Klima zu schützen. Ein fataler Irrtum. Für den massenhaften Anbau von Palmöl oder Zuckerrohr und der Aussicht auf hohe Gewinne, wurden in Asien und Südamerika Regenwälder gerodet und mehr als die Hälfte des Ackerlandes dem Nahrungsmittelanbau entzogen: Die Landbevölkerung wurde vertrieben, die Menge der verfügbaren Nahrungsmitteln sank, die Lebensmittelpreise stiegen und die Umweltzerstörung nahm zu.

Erst 2014 wurde in der EU eine Obergrenze von sieben Prozent für Agrartreibstoffe aus Nahrungsmitteln festgelegt.

LEER! WARUM?!?
ER WAR VOLL TEUER!
ERL17

Kampf dem Hunger!

Anbaufläche für Biokraftstoff
Wir sichern das Überleben auf diesem Planeten!
HS08

FÜR EINEN GUTEN DIÄTVORSCHLAG WÜRDE ICH EIN PAAR KOCHBÜCHER MIT LECKEREN REZEPTEN EINTAUSCHEN.

Und gib uns einmal das Essen, was die Europäer verheizen oder wegschmeißen

Die Zahlen sind alarmierend: Rund ein Drittel aller produzierten Lebensmittel wird verschwendet – sie werden weggeworfen, vernichtet oder gelangen gar nicht in den Handel. Das kann Obst und Gemüse betreffen, dessen Aussehen keiner bestimmten Norm entspricht, oder Nahrungsmittel, die bei der Herstellung oder auf dem Transport beschädigt werden und nicht bis zum Verbraucher gelangen. Dabei ist der Anteil der Lebensmittel, die jährlich in privaten Haushalten in Deutschland verderben und weggeworfen werden, mit sechs bis sieben Millionen Tonnen enorm hoch: pro Kopf rund 82 Kilogramm im Wert von 235 Euro.

In den letzten Jahren ist das Problembewusstsein gewachsen. So gibt z. B. das Bundesministerium für Ernährung und Landwirtschaft über die Initiative „zu gut für die Tonne" Tipps, wie die **Lebensmittel-Verschwendung** verringert werden kann. Einige Handelsketten werben mit dem Kauf von „krummen Dingern" und haben Obst und Gemüse mit „Schönheitsfehlern" in ihr Sortiment aufgenommen.

Viele Initiativen und Lebensmittel-Retter-Vereine gehen ebenfalls gegen die Verschwendung vor. Über soziale Netzwerke wird bekannt gegeben, wer Essen zu verschenken hat. Auch Restaurants beteiligen sich inzwischen an der Lebensmittel-Rettung und geben kurz vor Schließung preiswert nicht verkauftes Essen ab.

Food-Aktivisten geht das nicht weit genug. Sie fordern, dass auch in der Landwirtschaft und in der weiterverarbeitenden Industrie ein Umdenken erfolgen muss und ein Gesetz zur Vermeidung von Lebensmittelabfällen in der Lebensmittelwirtschaft verabschiedet werden soll.

SEIT DIE BIO-TONNE AUF DEM HOF STEHT, HABE ICH KEIN SCHLECHTES GEWISSEN MEHR, WENN ICH BROT WEGWERFE!
HOGLI

Der Rest ist für SIE!
HENNIGER

WOW! wer hat gewusst, dass ich HEUTE GEBURTSTAG habe?
HENNIGER

Das Schwein gehört zu den ältesten Haustieren des Menschen. Vor rund 10.000 Jahren wurde es domestiziert und als Fleischlieferant gezüchtet. Derzeit werden weltweit rund 111 Mio. Tonnen Schweinefleisch pro Jahr verzehrt.

Das Schwein ist neugierig, lernfähig und verspielt. Seine Intelligenz entspricht ungefähr der eines dreijährigen Kindes. Seit 2006 schreibt deshalb auch eine EU-Richtlinie vor, dass Hausschweine während ihres kurzen Lebens beschäftigt werden müssen, und deshalb Spielzeug in Form von „beweglichem und veränderbarem Material" in den Ställen ihren Wühl- und Erforschungsdrang befriedigen soll.

Zu Unrecht als „dreckig" beschimpft, gilt das Schwein auch als Glückssymbol. Es ähnelt dem Menschen mehr, als auf den ersten Blick zu vermuten ist. Schweine haben ein hoch entwickeltes Sozialverhalten, sie sind ebenfalls Allesfresser und ihre Organe ähneln in Größe, Form und Funktion denen der Menschen. Schon seit Jahrzehnten forschen Wissenschaftler weltweit, wie das **Schwein als Organspender** für Menschen genutzt werden könnte.

Im Januar 2018 gelang es Wissenschaftlern in Kalifornien erstmals, menschliches Erbgut in einen Schweine-Embryo zu pflanzen. Das Ziel war, dieses Mensch-Schwein-Mischwesen, die sogenannte Chimäre, in Zukunft für die Züchtung menschlicher Ersatzorgane nutzen zu können. Diese Organe könnten durch Genveränderungen noch mehr denen des Menschen angepasst werden, so dass in Zukunft Herzen, Lebern, Nieren und andere Organe in ausreichender Menge für Transplantationen zur Verfügung stünden.

Das geglückte medizinische Experiment wurde nach vier Wochen aus ethischen Gründen abgebrochen.

www.FrankHoppmann.com

h

HOGLI

Harm Bengen, geb. 1955 in Arle (Ostfriesland), 1970er Jahre Lehre als Farbenlithograf, bis 1979 Grafik-Design-Studium in Bremen, seit 1980 Zeichner für mehrere Stadtillustrierte, ab 1986 freier Cartoonist, Karikaturist und Künstler, zahlreiche Ausstellungen und Buchveröffentlichungen, Deutscher Karikaturenpreis „Geflügelter Bleistift in Gold" (2008), wohnt in Norden (Niedersachsen).
www.harmbengen.de

Martin Erl, geb. 1963 in München, 1985-1987 Psychologie-Studium mit Diplom an der Universität Regensburg, 1990-1995 Studium Kommunikations-Design an der FH Nürnberg, freiberuflicher Karikaturist für Tageszeitungen und Zeitschriften, div. Auszeichnungen, u.a. 1. Preisträger beim Karikaturenpreis des BDZV Berlin „Rückblende 2016", lebt in Ingolstadt.
https://de.toonpool.com/artists/Erl_64

Barbara Henniger, geb. 1938 in Dresden, studierte 1956-58 Architektur an der TH Dresden, danach Volontariat am Sächsischen Tageblatt, arbeitete dort als Journalistin und Karikaturistin, seit 1967 freiberuflich als Karikaturistin und Buchautorin tätig, zahlreiche Bücher und Ausstellungen, div. Auszeichnungen, u.a. Deutscher Karikaturenpreis „Geflügelter Bleistift in Gold" (2006), E-O-Plauen-Preis (2017), lebt in Strausberg.
www.barbarahenniger.de

Hogli (Amelie Holtfreter-Gliencke), studierte 1969 Malerei, visuelle Kommunikation und freie Grafik an der HdK, arbeitet als freie Grafikerin und Kinderbuchillustratorin und unter dem Namen HOGLI als Karikaturistin, lebt in Berlin.

Frank Hoppmann, geb. 1975 in Lingen / Ems, studierte 1996-2002 Design an der FH Münster, Schwerpunkt Druckgrafik und Illustration, arbeitet freiberuflich als

Illustrator, Zeichner und Karikaturist, div. Auszeichnungen, u.a. 1. Platz beim Deutschen Cartoonpreis (2009) und Deutscher Karikaturenpreis „Geflügelter Bleistift in Gold" (2017), lebt in Münster.
www.frankhoppmann.de

Rudi Hurzlmeier, geb. 1952 in Mallersdorf-Pfaffenberg, war u.a. als Tankwart, Dressman, Obduktionsassistent, Fliesenleger, Kulissenbauer und Antiquitätenhändler tätig. Ab 1981 studierte er als Autodidakt die komische Zeichnerei. Arbeitet heute als Cartoonist, Maler und Autor. Hat zahlreiche Bücher veröffentlicht, div. Auszeichnungen, u.a. Deutscher Karikaturenpreis „Geflügelter Bleistift in Gold" (2010), lebt in München.
www.hurzlmeier-rudi.de

Wolf-Rüdiger Marunde, geb. 1954 in Hamburg, studierte 1972-76 Visuelle Kommunikation an der Hochschule für Gestaltung Hamburg, zeichnete anschl. Cartoons für verschiedene Zeitschriften u.a. für den Stern, die Brigitte und Hörzu, wurde bekannt mit „Marundes Landleben" und „Neues aus Schweinhausen", ist als Illustrator und Maler tätig, zahlreiche Bücher und Ausstellungen, div. Preise, u.a. Deutscher Karikaturenpreis „Geflügelter Bleistift in Bronze" (2015), lebt in Hitzacker (Niedersachsen).
www.wolf-ruediger-marunde.de

Til Mette (Gotthard-Tillmann Mette), geb. 1956 in Bielefeld, studierte 1980-85 in Bremen Geschichte und Kunst, arbeitet freiberuflich als Cartoonist vor allem für den Stern, zahlreiche Bücher und Ausstellungen, div. Preise, u.a. Deutscher Karikaturenpreis „Geflügelter Bleistift in Gold" (2009), 1. Platz beim Deutschen Cartoonpreis (2013), lebt in Hamburg.
www.tilmette.com

NEL (Ioan Cozacu), geb. 1953 in Cluj-Napoca (Rumänien), studierte in Halle (Saale) an der Hochschule für industrielle Formgestaltung Burg Giebichenstein, arbeitet freiberuflich als Karikaturist und Illustrator, zahlreiche Bücher und Ausstellungen, div. Auszeichnungen, u.a. 1. Preisträger beim Karikaturenpreis des BDZV Berlin „Rückblende 2008", Deutscher Karikaturenpreis „Geflügelter Bleistift in Gold" (2011), lebt in Erfurt.
www.nelcartoons.de

Heiko Sakurai, geb. 1971 in Recklinghausen, studierte 1992-98 an der Uni Münster Germanistik, Geschichte und Politik, zahlreiche Veröffentlichungen und Ausstellungen, div. Auszeichnungen, u.a. 1. Preisträger beim Karikaturenpreis des BDZV Berlin „Rückblende 2013", lebt in Köln.
www.sakurai-cartoons.de

Klaus Stuttmann, geb. 1949, Schwabe, lebt seit 1970 in Berlin, studierte Kunstgeschichte und Geschichte, arbeitet freiberuflich als Karikaturist, zahlreiche Veröffentlichungen und Ausstellungen, div. Auszeichnungen, u.a. 1. Preisträger beim Karikaturenpreis des BDZV Berlin „Rückblende 20011" und 1. Preisträger „Rückblende 2014", Deutscher Karikaturenpreis „Geflügelter Bleistift in Gold" (2016); lebt in Berlin.
www.stuttmann-karikaturen.de

Miriam Wurster, geb. in Hamburg, studierte in Bremen Illustration und Cartoon, arbeitet freiberuflich als Cartoonistin, oft zusammen mit Bettina Bexte, zahlreiche Veröffentlichungen und Ausstellungen, div. Auszeichnungen, u.a. Deutscher Karikaturenpreis „Geflügelter Bleistift in Silber" (2015) und 1. Preisträgerin beim Karikaturenpreis des BDZV Berlin „Rückblende 2017", lebt in Bremen.
www.miriamwurster.de

Impressum

Es ist angerichtet!

Karikaturen rund um die Ernährung

Eine Ausstellung der
Brandenburgischen Landeszentrale für politische Bildung

Für die Titelgrafik wurde eine Zeichnung von Klaus Stuttmann verwendet.

Soweit in diesem Katalog Funktionen oder Personen mit einem geschlechtsspezifischen Begriff beschrieben werden, gilt die jeweilige Bestimmung gleichermaßen auch für alle anderen Geschlechter.

ISBN: 978-3-932502-71-2

Gestaltung: Bauersfeld Grafikdesign, Potsdam
Druck: Brandenburgische Universitätsdruckerei und Verlagsgesellschaft Potsdam mbH

Dauer: 27.06.-26.10.2018
Öffnungszeiten: Montag-Mittwoch 9-18 Uhr
Donnerstag und Freitag 9-15 Uhr
und zu den Veranstaltungen
Ort: Heinrich-Mann-Allee 107 (Haus 17)
Zugang: Friedhofgasse, 14473 Potsdam

Information: Tel. (0331) 866-3541
info@blzpb.brandenburg.de
www.politische-bildung-brandenburg.de